VINDOBONA

VERLAG SEIT 1946

P. Severin Olist
XI. 2014

Thomas Filek

DAS LEBEN HINTER ARTY WITTINGHAUSEN

Erinnerungen an einen Menschen –
Eine verbleibende Biografie

VINDOBONA
VERLAG SEIT 1946

Dieses Buch wurde digital nach dem neuen „book on demand" Verfahren gedruckt.

Gedruckt in der Europäischen Union auf umweltfreundlichem, chlor- und säurefrei gebleichtem Papier.

ISBN 978-3-902935-46-5
Lektorat: Dr. Kerstin Maupate-Steiger
Umschlagfoto:
Thomas Filek, Werner Filek
Umschlaggestaltung, Layout & Satz:
Vindobona Verlag
Fotos: Thomas Filek (11)
Illustrationen: Werner Filek (12)

Die vom Autor zur Verfügung gestellten Abbildungen wurden in der bestmöglichen Qualität gedruckt.

www.vindobonaverlag.com

INHALTSVERZEICHNIS

VORWORT

Aus vielen Tausend Wörtern besteht ein Buch, und wenn der Autor zum Schluss seine gesammelten, in Worte gekleideten Gedanken beisammenhat, soll er noch ein Vorwort gebären. Er soll ein Wort vor Worte setzen. Ist das nicht allzu viel des Guten? Sein Bild an den Anfang zu stellen wäre wohl treffender, doch da es sodann ein Vorbild wäre – nein, das ist dann doch zu deutliches Eigenlob. Somit befindet sich der Aufgeforderte in einer moralischen Zwickmühle. Er setzt sich also an seinen Schreibtisch und schreibt so etwas wie eine Inhaltsangabe, eine Art Vorschau auf das, was den Kern des Buches ausmacht. In einigen Sätzen konzentrieren sich alsbald die markantesten Teile seines Werkes, und befriedigt liefert der anfänglich so unschlüssige Autor sein „Vorwort“ dem Verlag. Der schreibt einige Ziffern dazu, betitelt das Ganze mit „Inhaltsübersicht“ und mahnt beim säumigen Autor noch das schon lang ersehnte Vorwort an. In dieser Lage befinde ich mich jetzt gerade.

Sie, meine sehr verehrten Leserinnen und Leser, aber wollen wissen, was in diesem Buch steckt, haben es gekauft, um dem Titel auf die Spur zu kommen, um in das Leben eines Menschen einen flüchtigen Blick werfen zu dürfen. Seien Sie mir bitte also nicht böse, dass ich Sie jetzt noch volltexte, bevor es losgeht. Nur noch ein wenig Geduld, schon die folgenden Seiten werden Sie dem Inhalt näher bringen. Wenn ich nur annähernd so viel Begeisterung bei Ihnen erwecken kann, wie das

Schreiben dieses Buches es bei mir ausgelöst hat, dann stimmen Sie mich froh, sehr froh sogar. Dann sehen wir einander bestimmt wieder – wenn nicht in diesem (erzählten) Leben, dann in einem anderen.

Glauben Sie an Worte?

Glauben Sie, dass Worte Zeit und Raum überdauern, dass sie zeitlos durch Vergangenheit, Gegenwart und Zukunft schwingen?

Die folgenden Worte sind geschrieben, um meinen Großvater in Erinnerung zu behalten. Kennen Sie das? Ein Mitglied ihrer Familie verstirbt und langsam, aber doch; immer schneller und schneller, lässt die Zeit Erinnerungen verblassen und das Bild der geliebten Person verschwimmt im eigenen Bewusstsein mit Bildern von heute und gestern. Wenn Sie dieses Gefühl kennen; oder aber auch das Gefühl, dass sie den nächstjüngeren Generationen in ihrer Familie noch etwas davon überliefern wollen, dann soll Ihnen dieses Buch gleichzeitig als Motivation dienen und als (hoffentlich gutes) Beispiel vorangehen.

Dann beginnen Sie dieses Buch zu lesen und werden einen Weg kennenlernen, wie Erinnerungen weiterhin aufrechterhalten werden können. Sie, meine werten Leserinnen und Leser, werden zu einem Erinnerungssammler, wie ich es geworden bin. Sie setzen sich, nehmen Stift und Papier in die Hand, den Laptop auf die Knie; oder rücken erst einmal die Brille zurecht und fangen mit dem Schreiben an. Sie schreiben für die Zeit, für eine Person. Und auch wenn das Leben vergangen ist, letztendlich schaffen Sie etwas Bleibendes, -- eine Biografie.

FRAU

„Danke für die schöne Zeit und du sollst wissen,
wie schön jeder Tag mit dir war, dass ich gern jeden
Moment noch einmal mit dir erleben wollen würde und
dass ich dann diesmal all diese Nichtigkeiten,
über die ich mich aufgeregt habe, obwohl es gar keinen
Grund dafür gab, weglassen wollen würde.
Lass uns noch einmal von vorne anfangen! ...“

Unsere Lebenswege kreuzten sich auf interessante Art und Weise. Wir lernten uns an der Universität kennen. Meine Vorlesung war zu Ende, als seine begann. Immer, wenn ich aus dem Hörsaal ging, lehnte er schon am Stiegengeländer und hat einfach nur geschaut und geschaut und geschaut.

Eines Tages, da ich immer am gleichen Platz gesessen bin, was er sich gemerkt hatte, lag im Fach meines Tischs ein Brief. Er hatte meinen Namen herausgefunden, ich weiß bis heute nicht, wie er das angestellt hat, aber der Brief war tatsächlich an mich adressiert. In diesem Brief war eine Einladung für eine Feier des heiligen Nikolaus, Nikolo. Das war das erste Mal, dass ich bei ihm zu Hause in seinem Zimmer war. Dort waren seine Freunde mit ihren jeweiligen Freundinnen, wir waren etwa acht Leute. Gleich ist mir aufgefallen, dass das Zimmer nicht wirklich sein Zimmer war. Er hatte zwar ein Sofa und einen Schreibtisch, aber die restlichen Möbel stammten von seiner Mutter.

Wahrscheinlich war ich neugierig geworden, durch den Brief, die Einladung und wahrscheinlich bin ich deshalb hingegangen. So habe ich ihn kennengelernt.

Der erste Eindruck, den er bei mir hinterließ, erstaunte mich ebenso. Denn er war nicht wie all die anderen Studenten, die jeden Tag ein- und ausgingen, sondern er war immer ein bisschen exzentrisch angezogen, man könnte sogar sagen verwegen. Ich sah ihn immer mit einem Schal um den Hals vor mir. Ja, er war schon sehr interessant.

Nach dem ersten Eindruck kann man keinen Charakter beschreiben, aber ich habe schnell gemerkt, dass er sehr aufmerksam war, sehr liebenswürdig war und sich unendlich bemüht hat, meine Wünsche von meinen Augen abzulesen. Er war wirklich außerordentlich aufmerksam und nett.

Damals hatte ich einen Freund und erst habe ich mir tatsächlich gedacht, dass ich zweigleisig fahren könnte. Man würde dann schon sehen. Aber ich habe es nie übers Herz gebracht, weil ich ein grundehrlicher Mensch bin.

Meinen damaligen Freund, obwohl Freund damals eine andere Bedeutung hatte, denn wir waren nie intim, aber sind oft weggegangen, haben geplaudert und die verschiedensten Dinge gemeinsam gemacht, habe ich verlassen.

Ihm habe ich mitgeteilt, dass ich es beenden möchte, woraufhin er sehr gekränkt reagierte und es auch nicht verstand.

Ich war ehrlich ihm gegenüber, denn ich erklärte ihm, dass ich einen netten, jungen Menschen kennengelernt habe und mit ihm gerne mehr Zeit verbringen würde, ihn näher kennenlernen wollen würde. Damals war ich noch ziemlich jung. Zwanzig war ich.

Ich war beeindruckt von ihm und auch verliebt, tief beeindruckt. Er war anders als mein anderer Freund, den ich stehen ließ.

Er war irrsinnig aufmerksam, was mich am meisten fesselte.

Wir sind in ein Konzert gegangen und danach spazieren und auf dem Heimweg hat er mich geküsst. Das erste Mal.

Ich war völlig perplex und er gestand mir, er sei so verliebt in mich und er möchte so gerne, dass wir jetzt zusammen sind. Das war dann der Beginn unserer Beziehung.

Wir beide haben studiert, hatten wenig Geld, also schaute der Blick in die Zukunft nicht allzu rosig aus. Als ich ihn kennenlernte, hatte er sein erstes Studium im Studiengang Veterinärmedizin gerade abgebrochen. Er meinte, er könnte es nicht aushalten, wie brutal man mit den Tieren umging. Mit einer anderen Fächerkombination studierte er weiter. Wir beide haben ein bisschen gearbeitet, um uns ein Taschengeld zu verdienen: Er hat Artikel geschrieben und ich gab Nachhilfe in Latein.

Wir wollten uns ein gemeinsames Leben aufbauen. Wir waren sehr verliebt in der Zeit, wirklich sehr verliebt. Das Schönste an unserer Beziehung war, dass wir uns jeden Tag gesehen und gehört haben.

Es war immer ein Fest, wenn er mich ausgeführt hat, einfach der Himmel auf Erden.

Nach zwei Jahren war uns klar: Wir wollen heiraten. Wir wollten aber nicht abhängig von den Eltern sein und deshalb hat er es stark betrieben, unabhängig zu sein.

Er wollte mit mir in den Urlaub fahren, aber mein Vater machte uns einen Strich durch die Rechnung. Schlussendlich waren wir aber doch pfiffig, wie alle Jugendlichen es sind, wenn es um ihre Belange geht. Also sind wir an einen See gefahren und das ohne Erlaubnis der Eltern. Wir hatten eine wunderschöne Zeit am Millstätter See.

Wir fuhren auch verbotenerweise gemeinsam nach Dänemark und genossen unser junges Leben. Allerdings bin ich dann doch früher zurückgekommen, da mein schlechtes Gewissen an mir nagte.

Ich habe aber auf ihn gewartet, bis er zurückkehrte und als er dann wiederkam, daran kann ich mich noch genau erinnern: Er kam von einer Straße hinauf und ich von oben hinunter und wir beide hatten eine solche Sehnsucht, dass wir anfingen, zu laufen und als wir uns in den Armen lagen, hob er mich hoch. In diesem Moment war uns klar, dass wir weiter daran arbeiten mussten, um an unser gemeinsames Ziel zu kommen: zu heiraten.

Er machte mir immer wieder, eigentlich ununterbrochen, kleinere Anträge und Anspielungen auf eine Ehe und bei einem Ausflug waren wir in der Nähe des Wienerwaldes in einem Gasthaus. Davor setzten wir uns auf einen Stapel aus Holzscheiten. Ich saß obenauf und er blieb unten stehen und da hat er mir einfach einen Antrag gemacht: „Ich will nur dich heiraten, du bist für mich meine Frau", waren seine Worte.

Damals hab ich nicht schnell „ja" gesagt. Zwar hauchte ich ihm ein „Das möchte ich auch", aber ich musste es mir noch genau überlegen. Das ging dann aber doch relativ schnell, denn schon das nächste Mal, als wir nach dem Seminar an der Universität auf einen Kaffee waren, verkündete ich ihm, dass ich mit ihm mein gesamtes Leben verbringen wollte.

Vier Jahre nach unserem ersten Treffen haben wir dann kirchlich und standesamtlich geheiratet. Es war eine sehr schöne Hochzeit, die länger und länger andauerte, obwohl wir damit eigentlich immer schneller und schneller fertig sein wollten. Irgendwann war es dann auch soweit!

Wir schafften es, an unser Ziel zu kommen, allerdings hatten wir beide noch nicht unser Studium beendet. Wie furchtbar das für unsere Eltern war, eine Studentenehe! Aber auch das haben wir gemeistert: Wir konnten uns selbst erhalten!

Unsere Flitterwochen waren kurz, nur zehn Tage. Sie gingen in die Schweiz, privat zu einer Familie. Das Schöne an den Flitterwochen war, dass die Besitzerin des Hauses verreisen musste und uns das Haus alleine überlassen hat. Die Zeit haben wir mit sehr viel Reden und sehr viel Liebe im Bett und außerhalb verbracht. Wir waren viel in der Natur, sind viel geschwommen und fingen an, von Kindern zu träumen.

Als wir zurückkamen, war er am Lernen und ich habe ihn abgeprüft. Er machte seine Rigorosa und arbeitete weiter freiberuflich bei einem Verlag.

Wir lebten in Untermiete in einem Zimmer unterhalb der Schwiegereltern. Wir konnten uns dort nicht einmal waschen, also mussten wir immer zu den Schwiegereltern oder zu meinen Eltern. Eine grauenhafte Wohnsituation!

Irgendwann beschlossen wir beide, dass es so nicht mehr weitergehen konnte, und deshalb haben wir eine kleine Wohnung gesucht und wurden auch bald fündig: eine winzige Genossenschaftswohnung in einem Dachausbau. Jeden Monat zahlten wir eine Summe ein. Als am Schluss noch ein Restbetrag ausstand, bat ich meinen Vater diesen zu übernehmen. Das tat er, aber nur nach einer langen Predigt.

Das war unsere erste Wohnung, in der wir die nächste Zeit verbrachten und das Familienleben für uns begonnen hat.

Zu der Zeit bekamen wir auch unseren ersten Sohn. Eine schwierige Geburt, die so nicht gewollt war, ein Kaiserschnitt. Mein Mann war nicht dabei, denn damals war das nicht üblich. Aber als er kam, waren wir beide glücklich. Er freute sich unbändig! Wir wussten das Geschlecht nicht, und als ich ihn fragte, was er denn nun bekommen hatte, sagte er: „Das weiß ich ja gar nicht. Ein ganz ein liebes Kind haben wir."

Er war ein guter Vater. Ich war natürlich für den Haushalt zuständig, während er arbeiten ging. Er liebte meine einfache Küche, aber dennoch waren wir beide jedes Mal froh, wenn meine Mutter kam, die ihre Taschen immer randvoll mit Topfengolatschen gestopft hatte.

Er arbeitete und ich kümmerte mich um unseren Sohn. Nebenbei bemühte ich mich, das Studium zügig zu beenden. Im ersten Jahr traute er sich selten, unseren Sohn in den Arm zu nehmen, er hatte Angst er könnte etwas kaputtmachen. Erst nach seinem ersten Lebensjahr fing er an mit ihm viel zu spielen, trug ihn auf den Schultern spazieren und beschäftigte sich ausgiebig mit ihm.

Aufgrund der schweren Geburt riet uns unser Arzt, drei Jahre mit dem nächsten Kind zu warten, doch das Schicksal wollte es anders. Zweieinhalb Jahre später kam unser zweiter Sohn. Deshalb bemühte sich mein junger Mann und zweifacher Vater sehr mich zu unterstützen – im Alltag und bei der Erziehung. Da hat er hin und wieder mal eingegriffen. Wir waren uns einig, unseren Kindern eine ganz liebevolle Erziehung zugutekommen zu lassen, aber wir waren auch gegen eine antiautoritäre Erziehung. Eine Erziehung mit Grenzen, so würde ich es nennen.

Als eine Wohnung unter meinen Schwiegereltern frei wurde, zogen wir zu ihnen zurück. Leider! Das sollte man nie tun, denn das tut nicht gut, wenn Eltern mit Kindern zu ihren eigenen Eltern zurückziehen. Die besten Verhältnisse werden dadurch zerstört, denn die Eltern denken, sie wüssten alles immer besser und greifen unaufgefordert in die Erziehung ein, vor allem die Kinder leiden darunter.

Er begann für die Wirtschaftskammer zu arbeiten und machte sich dort beliebt. Ich war sehr froh, dass wir ein regelmäßiges Einkommen und eine solide Finanzsituation hatten.

Unsere Beziehung war stark von unseren Kindern geprägt, denn wir wollten kein Kindermädchen. Meine Schwiegermutter hatte sich das Kinderhüten nicht zugetraut und meine Mutter, auch wenn sie es gerne tat, konnte nicht immer, deshalb haben wir äußerst selten einen Babysitter engagiert, um auszugehen. Aber er überlegte sich andere Überraschungen für mich: Blumen, Gedichte. Täglich hinterließ er mir, bevor er zur Arbeit aufbrach, ein Gedicht auf dem Kopfpolster oder am Tisch. Damit machte er mich sehr glücklich.

Die Jahre vergingen wie im Fluge und unser dritter Sohn wurde geboren. Diesmal war sogar die Geburt angenehm.

Finanziell machte ich mir wesentlich mehr Sorgen als er, denn ich befürchtete, dass uns das Geld mal ausgehen könnte. Aber mein fleißiger Gatte sah die Zukunft immer bunt.

Wir freuten uns über jeden unserer Söhne und er wollte alle seine Söhne mit dem Anfangsbuchstaben S benennen, aber beim Dritten habe ich zugeschlagen. Mit C beginnt sein Name, das habe ich mir gewünscht.

Alle zwei Jahre bekam er eine Gehaltserhöhung und auch Angebote, eine Außenstelle zu besetzen. Zuerst wurde ihm Vancouver offeriert, doch ich schlug ihm das gleich wieder aus dem Kopf, weil unsere Kinder damals noch viel zu klein waren. Das zweite Angebot war für ihn aber noch interessanter: Johannesburg in der Republik Südafrika, was wir auch überglücklich annahmen.

Zuvor reiste er bereits durch die ganze Welt, aber nie länger als ein paar Tage. Diese Reisen waren oft ein Streitthema in unserer Beziehung, denn ich wollte nie alleine gelassen werden, erst recht nicht, als meine Mutter später gestorben war. Dennoch reiste er für seine Karriere über die halbe Weltkugel.

Jedenfalls war Südafrika ein unvergessliches Erlebnis. Anfangs hatte ich Angst, dass es nicht funktionieren würde. Alleine hätte ich ihn aber auch nicht reisen lassen. Mit Liebe und Zuspruch hat er mich und unsere Kinder überzeugt. Es würde ihnen guttun, denn sie würden ganz nebenbei Englisch lernen, waren seine Argumente, die ich nicht von der Hand weisen konnte.

Wir führten dort ein interessantes Leben. Wir mussten weite Entfernungen tagtäglich zurücklegen, aber wir besaßen nur ein Auto. Zuerst haben wir ihn zur Arbeit begleitet, dann die Kinder zur Schule und dann bin ich wieder heimgefahren, habe schnell etwas zum Essen hergerichtet, bevor wieder die Abholerei begonnen hat und wir am Abend meinen Mann abholten. Er musste in Südafrika über die Wirtschaftslage Österreichs aufklären, weshalb er viele Artikel über Export und so weiter schrieb. Er hat sehr schnell Anschluss gefunden und unser Leben entwickelte sich zu einem sehr offenen, zu einem freien Leben. Oft wurden wir eingeladen, konnten unsere Kinder mitnehmen und lebten in unserer großen Kleinfamilie frei und glücklich.

Südafrika war für ihn auch die Möglichkeit mal weiter wegzukommen, weg von seinen Eltern. Dort waren wir glücklich. Als wir zurückkamen, wurden wir unglücklich.

Während unseres Südafrikaaufenthaltes bin ich einmal alleine in die Heimat nach Österreich gereist und habe unsere drei Söhne ihrem Vater allein anvertraut. Als ich zurückkam, musste ich erfahren, dass unser jüngster Sohn in dieser Zeit nicht einmal die Unterhosen gewechselt hatte. Ich war drei Wochen zu Hause, weil sich der Zustand meiner Mutter verschlechterte und mein Vater mich bat, sie wieder aufzupäppeln und dann so was.

Während wir in Südafrika lebten, hatten wir unsere Wohnung in Österreich größtenteils untervermietet – an ein nettes japanisches Musikerpärchen, welches die ganze Zeit auf ihren Instrumenten übte.

Nach unserem Aufenthalt traf uns dann der Schlag. Als wir wieder für immer nach Hause zurückkehrten, erfuhr mein Mann, dass sein Posten in der Wirtschaftskammer bereits besetzt war, wodurch er nun zum ersten Mal in der Luft hing. Der Job, der ihm versprochen war, war vergeben und er wusste nicht, was er tun sollte. Er bekam zwar weiterhin sein Gehalt überwiesen, hatte aber keine befriedigende Arbeit mehr.

In Südafrika waren wir tatsächlich glücklich, nicht nur wir, sondern auch unsere Kinder. Unser ältester Sohn erlebte dort seine erste große Liebe, und er war sehr unglücklich, als er erfuhr, dass wir wieder nach Österreich zurückkehren mussten. Sein Vater sprach zu ihm ein paar ernste Worte. Wahrheit, Aufrichtigkeit und Verantwortungsbewusstsein waren ihm wichtige Tugenden und er muss ihm gesagt haben, dass er allein und ohne Wenn und Aber die Verantwortung tragen müsse, wenn seine Freundin schwanger werden würde! Meinem Mann war wichtig, immer die Wahrheit zu sagen, auch wenn sie schmerzen sollte. Dennoch war es das Beste, sie zu sagen.

Er selbst war es, der nach drei Jahren meinte, dass es Zeit wird, wieder zurückzufahren, um nicht den Anschluss zu verlieren. Dies sorgte für kleinere Streitgespräche zwischen uns, aber wir beugten uns alle seiner Meinung. Ich denke, in ihm wuchs das Unbehagen, dass es seinen Eltern gesundheitlich nicht mehr lange so gut gehen würde. Dann wollte er bei ihnen sein. Er war immer sehr introvertiert, aber in einer Beziehung lernt man einander so zu verstehen, ohne dass man alles aussprechen musste.

Aber auch wenn wir uns fügten, so hatten wir in unserem Familienleben eine der schönsten Zeiten in Südafrika. Er bemühte sich sehr, uns das Paradies auf

Erden zu zeigen, indem er uns die Natur näherbrachte und uns die Augen für die fremde Welt öffnete.

In den Jahren nach unserem Auslandaufenthalt sind meine Eltern verstorben. Diese Schicksalsschläge haben uns schwer zugesetzt. Nicht nur der Familie insgesamt, sondern auch unserer Beziehung. Eine Zeitlang musste ich meinen Vater im Waldviertel pflegen, weswegen ich bei ihm lebte und mein Mann und die Kinder waren in Wien. Auch wenn er immer hinter mir stand und mich unterstützte, mir sogar in schweren Stunden beistand, war es dennoch eine Befreiung, als mein Vater verstarb, denn dadurch hatten wir uns wieder. Doch selbst in dieser schweren Zeit hat er es geschafft, meinem Vater zu einem letzten schönen Erlebnis zu verhelfen. Er wollte nämlich immer in den Wald gehen, konnte es aber nicht mehr. Am Wochenende kam er mit den Kindern zu uns. An diesen Tagen stützte er meinen Vater und wir gingen gemeinsam in die Wälder spazieren.

Aber nun zurück zum Beruf meines Mannes: Sein Posten in der Wirtschaftskammer war besetzt und er hing sprichwörtlich in der Luft. Er bekam zwar weiterhin sein Gehalt, aber ihm wurde nach längerem Hin und Her ein neuer Posten zugeteilt. Er war verantwortlich für die damals von ihm verfassten Jahresbücher der Wirtschaftskammer.

Und vergessen wir unsere Kinder nicht: In der Erziehung hat er zwar selten ein Machtwort gesprochen, aber wenn er eines gesprochen hat, dann war es definitiv eines!

Unserem ersten Sohn legte er eindringlich nahe, einen Blick in die Weite zu haben und dass jede Tat seine Folgen hat und er dafür Verantwortung tragen muss.

Unserem Zweitgeborenen erteilte er für mein Empfinden die härteste Strafe. Unmittelbar nach dem Schulabschluss wurde er von einem Freund beeinflusst, sich einfach treiben und sein Leben gehen zu lassen. Er machte nichts mehr, studierte nicht mehr und ging auch nicht arbeiten. Also brummte ihm sein Vater eine Arbeit auf. Eine harte Arbeit. Täglich musste er einen Monat lang Kisten mit leeren und vollen Flaschen schleppen und sortieren. Den ganzen Tag, einen ganzen Monat lang. Danach ging er wieder gerne studieren, wechselte das Studienfach und war in der kürzesten Zeit fertig.

Unser Jüngster war in seinen jungen Jahren der Anstrengendste. Er war äußerst pubertär. Ein Schlimmer in der Schule, ein Schlimmer zu Hause. Eines Tages hat mein Mann ihn gezüchtigt. Doch alles in allem fanden die Kinder und er einen Weg, ein gutes Verhältnis zueinander aufzubauen.

Die Zeit verging und langsam nahm uns die Zeit auch seine Eltern. Den Tod seines Vaters nahm er sehr gefasst. Doch als seine Mutter starb, da war er bereits pensioniert, habe ich ihn das erste und einzige Mal weinen gesehen. Ich denke, es war ihm wichtig zu zeigen, dass er stark war. Er fing sich kurz danach wieder und stand wieder voll im Leben.

Während all dieser Jahre zeichnete, und schrieb er für Zeitungen und für sein Leben gern, für seine Freunde und für seine Familie.

Eines Tages klagte er über Schmerzen in der linken Schulter am Rücken. Wir waren bei unserem Hausarzt und ihm wurde Blut abgenommen. Er sagte immer, dass er zu lange gesessen sei und sich zu wenig bewegt habe, doch als mich der Arzt anrief, wurde mir mitgeteilt, dass es etwas Schlimmeres sein müsse, da seine Werte sehr kritisch waren. Wir gingen zum Röntgen. Auf den Bildern sah man Geschwülste auf seinen Lungen.

Er hat seine Krankheit immer geleugnet, er hat sich gewehrt und wollte sich damit nicht abfinden, dass er Krebs hatte.

Ich weiß nicht, warum er es getan hat und ob er nur vor mir so getan hat, aber er wollte sich einfach nicht damit abfinden, dass er krank war. Trotzdem veränderte er sich. Er ließ seine Gedanken schweifen. Er zog sich zurück, umarmte mich nicht mehr im Bett, sondern richtete seinen Blick starr aus dem Fenster. Ich habe viel geweint.

Als er dann im Spital lag, hat er mir weiterhin immer Mut gemacht. Gemeint, dass er bald gesund sein wird und wir verreisen werden. Er meinte, dass bald alles vorbei sein und es ihm wieder besser gehen wird.

„Geh nicht weg von mir, bleib bei mir“, das hat er dann oft zu mir gesagt. „Geh nicht weg von mir“, das waren seine letzte Worte an mich.

In einer Nacht verstarb er.

Er wollte mit mir die ganze Welt bereisen, weg von Niederösterreich, weg vom Waldviertel, einfach hinaus in die weite Welt.

Wir beide waren aber sehr froh, dass wir noch unsere ersten Enkelkinder miterleben durften und ich vielleicht sogar bei noch einer weiteren Generation zugegen sein darf. Er meinte auch immer, ich soll sie genauso erziehen, wie ich unsere Kinder erzogen habe.

Er war wundervoll, hat mich geliebt und ich liebe ihn noch immer.

„ERSTE LIEBE“

SÖHNE

„Scheiß Rauchen! Schade,
dass du nur so kurz unter uns warst …“

Er war eine ruhige, zurückhaltende, diplomatische Person und hat mir die Liebe zur Natur nähergebracht. Oft waren wir im Sieveringer Steinbruch, dort hat er mir Pflanzen und Blätter erklärt und mir Schnecken und Gottesanbeterinnen gezeigt. Meistens waren das unsere Sonntagsausflüge und einmal haben wir unsere Pfadfindermesser gegen die Bäume geworfen, um uns die Zeit zu vertreiben.

Er war nie cholerisch und selten echauffiert. In der Erziehung hatte immer Mutter das letzte Wort, aber sie hat mit ihm besprochen, ob eine Strafe verhängt wird oder nicht.

Er half mir, biologische Zeichnungen anzufertigen und Englischaufsätze zu schreiben – für die Schule und Arbeit.

Morgens brachte er uns immer zur Schule und kam am Abend zum Abendessen. Am Wochenende hatte die Familie ihn vom Kirchgang bis zum Abendessen uneingeschränkt für sich allein, einen ganzen Tag lang.

In meinem Leben unterstützte er mich stets hilfreich und war bemüht. Ich wollte meine Wege jedoch selbst gehen, was ich auch durchsetzte.

Ich weiß noch, am Anfang meiner Berufstätigkeit gingen nur wir zwei zum Griechen essen. Dort redeten wir von Mann zu Mann über typische Themen, wie Beziehungen und Arbeit, wie ein Vater mit seinem Sohn. In der Mittagspause kam jeder von seiner Arbeit und wir verbrachten dort ein, zwei Stunden. Dann gingen wir wieder zurück zu unseren jeweiligen Tätigkeiten.

Dinge, die mich an ihn erinnern, umgeben mich auch heute noch. Einmal bemalte er einen Stein, der zu einem steinernen Biber wurde, mit sanften Tuschestrichen, die er auf den Stein auftrug. Dieser Biberstein war überall, wo er war und als Kind hat er mir verboten, ihn anzufassen.

„Fass ihn nicht an!“, warnte er mich meistens, wahrscheinlich mit dem Hintergedanken, dass ich mir sämtliche Zehen brechen könnte, wenn er mir auf meinen Fuß fällt.

Unser damaliger Hund, ein Dackel, bleibt in meinen Erinnerungen auch mit ihm unauslöschlich verbunden. Mickey hieß er, ein widerlicher Hund. Er war ein Geschenk von seiner Sekretärin in Südafrika. Jeden sprang er an und stellte sich an die Beine, ein widerlich aufdringlicher Hund.

Das Luftdruckgewehr und das erwähnte Pfadfindermesser sind weitere Gegenstände, die mich an ihn erinnern.

Wenn ich meinen Vater beschreiben würde, fallen mir gleich seine Prinzipien ein. Eines davon war die Regel der drei Fs.

„Drei Dinge darfst du nie jemandem ausleihen: deine Füllfeder, dein Fahrzeug und deine Frau!"

Was das Kraftfahrzeug betrifft, hielt er diese Regeln auch in der Erziehung eisern ein: Sein Auto durfte ich nie benutzen.

Als es ihm schon schlechter ging, ich der Mutter half und als ich meine ersten Artikel im Ausland schrieb, da sagte er mir, dass er stolz auf mich sei. Wenn ich jetzt an ihn denke und ihn vor mir sehe, dann kommt natürlich auch in meinen Kopf das Bild von ihm, wie er im Krankenhaus lag.

Ihm war noch wichtig, dass wir besonders auf meinen zweiten Sohn aufpassen sollten, weil er ein herzensguter Mensch ist.

Ich denke oft an ihn.

„Wir sehen uns im Himmel …“

▸•◂

„Du hättest großen Spaß mit deinen Enkeltöchtern gehabt und sie mit dir! Das Gemeinsame lesen, zeichnen, spielen … Unsere Töchter hätten es geliebt und dich als Opa zu haben und dich kennenzulernen haben sie vermisst und hat sie auch traurig gemacht, diese Erfahrung nicht gemacht zu haben …“

Er war humorvoll, ein Naturfreund, ein Künstler, ein Genussmensch und ein treuer Kirchgänger.

In Südafrika brachte er uns immer mit dem Auto zur Schule, gesehen haben wir ihn meist in der Früh und am Abend. Die Art seiner Erziehung war eine liebevolle. Geburtstage verbrachten wir im Kreise der Familie, Weihnachten war meist stressig für uns alle.

Die Hausaufgaben kontrollierte er nie, half mir aber einige Male bei Aufsätzen und er schrieb für mich meine erste Rede.

Gegenüber der Mama war er sehr treu und monogam! Jedem Streit ging er aus dem Weg und nie kam ein lautes Wort über seine Lippen. Neben der Mama spielte er die „zweite Geige", so hatte es zumindest den Anschein.

Er unterstützte mich und half mir, mein Studium zu beenden. Bei meiner Sponsion und der Geburt meiner ersten Tochter sagte er mir, dass er stolz sei.

An Urlaube am Meer, seine Bücher und seine Pfeife kann ich mich besonders gut erinnern.

Wenn ich die Augen schließe und an ihn denke, dann vermisse ich ihn sehr!

▶•◀

Unser erstes Kennenlernen fand auf neutralem Boden, in einem Restaurant, statt. Ich wurde als erste und einzige Frau den Eltern meines jetzigen Mannes vorgestellt, der ansonsten weder seinem Vater noch seiner Mutter jemals jemanden präsentiert hatte.

Mein erster Eindruck von ihm war, dass er immer freundlich, lustig und klug war. Auch hatte er einen guten Schmäh.

Seine Rolle als Schwiegervater übte er mit großer Zurückhaltung aus. Er mischte sich nicht ein, war aber trotzdem ein guter Ratgeber. Im Leben meines Mannes spielte er die Rolle eines guten Freundes.

Wenn ich an ihn denke, sehe ich ihn vor mir in einem weißen Hemd, mit Hosenträgern und einem Glas in der Hand. Dabei hat er ein Lächeln auf den Lippen und steht ein paar Meter hinter seiner Frau im Hintergrund.

Woran ich mich unter anderem erinnere, war seine Suche nach einer weiblichen Filek. Da es seit Generationen in der Familie nur Söhne und keine Töchter gab, hat er recherchiert und ein Bild gefunden, nur um mir zu zeigen, wie meine „Mädchen“ ausschauen könnten.

„Es gäbe heute noch viel zu fragen und sich zu unterhalten ...“

Sein Anteil in der Erziehung bestand darin – das ist eine heutige Hypothese von mir – die verhängten Strafen zu exekutieren, die er mit dem Gürtel oder den Legoplatten ausführte. Die Mutter hat immer die „Strafen angeordnet“ – mit den Worten „der war heute nicht brav“ wenn der Vater dann abends nach Hause kam, musste/sollte er die entsprechenden Bestrafungen setzen.

Für das Kind war das natürlich alles andere als leicht, da das Heimkommen des Vaters von der Arbeit nicht mit Freude, sondern mit Angst verbunden war ... dies verknüpft mit den verheißungsvollen Worten: „Wart nur, bis der Vater nach Hause kommt!"

Was der Grund für die Bestrafungen war und ob diese gerechtfertigt waren, kann man beim besten Willen nicht mehr beurteilen. Es hatte aber immer etwas mit „nicht brav gewesen zu sein" zu tun, was immer das auch sein mag. ...

Die Erinnerung an Weihnachten blieb als Klassiker in meinem Kopf besonders haften. Ich weiß noch ganz genau, dass ich mir eine gewisse Anzahl an Geraden und Kurven für meine Spielzeugautobahn gewünscht habe, um einen bestimmten Kurs bauen zu können. Allerdings habe ich nur wenige Schienen bekommen, sodass ich es dann nicht vollenden konnte. Damals eine herbe Enttäuschung für mich als Kind! Das hat mich so tief erschüttert, dass es in meinem Kopf hängengeblieben ist. Schlimm eigentlich!

Ob es im Nachhinein betrachtet am Finanziellen lag, kann ich nicht sagen. Aber sicher nicht daran, dass ich mich damit nicht beschäftigen sollte.

Eine andere Erinnerung an meine Kindheit, die in meinem Kopf haften blieb, stammt aus Südafrika. Wir sind eines Tages mal dort gemeinsam spazieren gegangen und unser Vater hat einen Leguan gefangen, der ihn wiederum in den Finger biss.

Es gibt nicht viele Erinnerungen, die ich an ihn habe. Ich kann mich auch nicht erinnern, dass er mir jemals bei Hausaufgaben für die Schule half, denn ein typischer Tag sah so aus: Am Abend kam er von der Arbeit heim, dann gab es Abendessen und danach fand eventuell ein „Meeting“ im Arbeitszimmer statt.

Später unterstützte er mich bei einem wichtigen Projekt für mein weiteres Leben. Was ich immer mit ihm verbinden werde, sind seine Pfeifen und seine Froschsammlung, die nun mein Bruder hat. Er war ein Sammler, er war mein Vater.

ENKEL UND ENKELINNEN

„Es tut mir leid, dass er relativ jung gestorben ist und einen, in meinen Augen, schlimmen Tod hatte …"

Wenn ich meine Augen schließe und an ihn denke, sehe ich ein Bild aufblitzen kurz vor seinem Tod, im Spital, im Bett liegend. Abgemagert, geistig aber noch anwesend. Sein Kopf wirkte durch seine dürren Körper sowie durch sein mageres Erscheinungsbild überdimensional groß, er war schon ohne Haare. Ich war erschrocken, ja eigentlich schockiert.

Wahrscheinlich hatten wir nie die Möglichkeit einander kennenzulernen, aber wie auch? Er war ein Großvater für meine Brüder, allerdings nicht für mich. Nie hat er mir das Gefühl vermittelt, dass er mich als Enkelkind akzeptierte oder mich mit meinen Brüdern oder meinen Cousins gleichstellte. Aber auch ich bin ein Teil dieser Familie. Papa ist genauso *mein* Vater wie auch von meinen Brüdern. Außerdem finde ich es absolut nicht in Ordnung, wie er mit Mama und ihren Eltern geredet hat und sie immer wieder spüren ließ, dass sie ihm weniger wertvoll waren.

Er hat viel geraucht, wirkte nie gepflegt und hatte schlechte Zähne. Aber er hatte immer viel zu erzählen.

Eindrucksvolle Momente habe ich leider keine mit ihm erlebt, aber Zigaretten werde ich zeitlebens mit ihm verbinden.

„Auch wenn ich dich als Mensch nicht gekannt habe, fühle ich eine tiefe Verbundenheit, doch ist das nur die Summe unseres genetischen Materials oder gibt es da noch mehr? Denn unsere Umwelt war sicher eine ganz andere und doch fließt vieles von DIR in mir …"

Eine meiner ersten Erinnerungen führt mich in einen mir leider unbekannten Wald im Waldviertel; die Stimmung ist düster, neblig und die Bäume sind extrem hochgewachsen. Kaum Nadeln am Stamm, nur an der Krone. Opa, Papa und ich gehen einen Weg entlang, der uns zu einem See bringt, dort sieht Opa auf den ersten Blick einen Krebs. Ich war fasziniert und begeistert von dem Tier und habe bis heute keinen vergleichbaren Krebs mehr in Österreich entdecken können.

Gut erinnern kann ich mich auch noch an Begebenheiten in der Vegagasse. In der Wohnung von Opa und

Oma übernahm Opa als stiller, aber rigoros wirkender Mann zumeist beim abendessenden Vorsitz. Als junger Mensch beschlich mich ein beklemmendes Gefühl. Kein Getränk zur Suppe trinken zu dürfen war für mich ebenfalls schwer verständlich. Auch das leichte, tiefe Atmen seinerseits ist mir in Erinnerung, sei es von den tiefen Atemzügen oder vom Rauchen. Ich ertappe mich bei diesen lauten, tiefen Atemzügen öfters auch selbst.

Ein anderes Bild taucht vor meinem geistigen Auge auf: Als meine Schwester und ich uns einmal in den Keller der Wohnung von Opa und Oma geschlichen haben, belauschten wir ein Gespräch der beiden. Es ging um die Pflege der Uroma, für die sich Opa sehr eingesetzt hat. Da er aber viel arbeitete, musste sich Oma um das meiste kümmern, was ihr sehr zusetzte.

Ich denke, dass im Großelternhaushalt noch sehr die alte Mann-Frau-Beziehung mit der klassischen Rollenverteilung vorherrschte. Aber das beruhte auf beidseitigem Einverständnis.

Wenn ich versuche, mir heute Opa vorzustellen, dann ist das Bild eher ein graues. Ich weiß nicht genau, warum, aber vielleicht hängt es mit der Kleidung zusammen, die immer sehr konservativ und einfach, aber nie bunt war, oder aber an seiner grau-weißen Haarpracht. Natürlich könnte auch der Zigarettenrauch eine Rolle spielen.

Ein gemeinsames Erlebnis war, als wir mit vereinten Kräften ein Modellauto zusammengebaut haben. Wir waren gemeinsam im Spielwarengeschäft, haben etwas ausgesucht und haben uns zu Hause gleich an die Arbeit gemacht. So haben wir einige Stunden verbracht.

Der Gegenstand, den ich auch heute noch mit ihm assoziiere, ist das Froschbiotop in seinem Garten im Waldviertel. Uns wurde immer die ehrenvollste Aufgabe überhaupt übertragen, dieses Biotop mit Wasser und Fröschen zu füllen. Nach diesem Vorbild haben wir später alle auch weitere, eigene Biotope im Garten gebaut.

Sein Hut ist mir auch in Erinnerung, den er außerhalb der Wohnung immer getragen hat.

Die letzte Erinnerung ist natürlich der Krankenhausbesuch kurz vor seinem Tod. Hier wirkte der einst so starke, aber stille, unendlich besonnene Mann schwach und gebrechlich, abgemagert und hilflos. Im Nachhinein hat ihn der Tod viel zu schnell ereilt, was man ihm auch ansah.

Ich würde ihn gerne fragen, wie er sein Leben hinsichtlich von Glauben, Trauer und Melancholie gemeistert hat. Ob er die Kraft, um vieles zu überwinden, aus seinem Glauben gezogen hat?

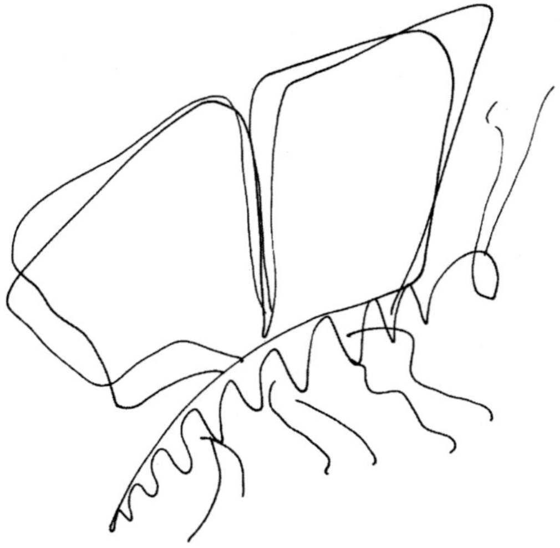

„Ich hätte dich gern in meinen älteren Jahren gehabt ...“

„Beim Essen Hände auf den Tisch!“

„Sitzen bleiben, bis alle fertig sind!“

„Trinken erst nach dem Essen!“

Diese waren nur einige der Aussagen, die gefallen sind, um uns Tischmanieren beizubringen.

Mittlerweile werden nicht mehr alle so streng eingehalten, wie wir das als Kinder mussten, aber das Sitzenbleiben steckt auch heute noch in uns.

Mit meinem Großvater verbinde ich das Fröschesammeln im Wald. Dafür hatten wir immer leere Marmeladengläser mit und streiften durch die Wälder.

Soweit ich mich erinnere, war er ein ausgezeichneter Zeichner und seine Zeichnungen hat er oft in seinem kleinen Kammerl mit einer Zigarette im Mund aufs Papier gebracht. Wenn ich mir ihn vorstelle, dann sehe ich die Eigenheiten seines Gesichts. Seine Halbglatze, sein manchmal strenger Blick und seine buschigen Augenbrauen.

Frösche erinnern mich auch heute noch an ihn. Das gemeinsame Zeichnen war ein Erlebnis, welches ich mit ihm besonders gern teilte. Aber wie bereits gesagt, ich hätte dich gern in meinen älteren Jahren gehabt ...

„Schau, was aus mir geworden ist, schau,
wie mein Leben verlaufen ist! Wie geht es dir Opa,
kannst du mir einen Ratschlag geben? …“

Aufgrund der Krankheit meines Bruders war ich als Kind lange Zeit bei meinem Opa und meiner Oma im Waldviertel. Damals habe ich mich, zumindest denke ich heute so, stark engagiert beim Bau der Steinstiegen vom Vordergarten zum hinteren Garten. Neue Erde, Steine und allerlei Dinge aus dem Wald sammelten wir und fingen an zu bauen. Wahrscheinlich waren es nur kleine Handgriffe, die ich tat, aber damals, als Kind, fühlten sie sich wie ein großer Beitrag an.

Die meisten meiner Erlebnisse, die ich mit ihm hatte, ereigneten sich auf seinem Anwesen im Waldviertel. Dort liegen die prägendsten Erinnerungen.

Eine andere Geschichte, die ich erzählen kann, ist jene, als ich mit ihm in den Wald ging. Wir schlenderten einen Weg entlang, als ich plötzlich ein Rehbockgeweih in äußerst gutem Zustand am Wegesrand vorfand. Das war für mich etwas Unglaubliches, ein Geweih direkt auf einem Waldweg. Der Opa hat diesen Fund hochgelobt und bejubelt. Ich genoss die Lobeshymnen.

In meinem sechzehnten Lebensjahr, als Opa bereits länger gestorben war, gestand mir mein Vater, dass er es war, der das Geweih auf dem Waldweg platziert hatte. Er wollte nicht, dass ich es vor meinem sechzehnten Geburtstag erfahre, denn er mochte meine Kindheitserinnerungen nicht zu früh auslöschen.

Wenn ich an ihn denke, dann sehe ich keine Einzelheiten mehr vor mir, aber als gesamte Person habe ich ihn schon noch vor Augen, vor allem das Bild, wie er kurz vor seinem Tod im Rollstuhl saß.

Eine kurze Anekdote dazu: Als er starb, waren meine Familie und ich im Legoland und aus unerfindlichen Gründen, sagte ich an jenem Tag, dass der Opa gestorben sei. Meine Familie war ganz verwirrt, doch es stellte sich heraus, dass er tatsächlich an jenem Tag verstorben war und anscheinend hatte ich das irgendwie gespürt.

Ich empfinde generell eine starke Verbundenheit mit ihm, die ich mir selbst nicht erklären kann. Zu Weihnachten denke ich ganz besonders an ihn, früher weinte ich sogar, mittlerweile habe ich es im Griff, aber an ihn denken, das tue ich oft.

Eine weitere nette Geschichte ist die vom Eichhörnchen Hansi und zugleich eine weitere Erinnerung aus dem Waldviertel.

Zu jedem meiner Namenstage habe ich ein Buch bekommen, ein Buch über Eichhörnchen und der Opa sagte dazu immer: „Hansi hat (wieder) an dich gedacht!" und überreichte mir die kleinen Bilderbücher.

Hansi wurde für mich zu einem Freund. Als Kind suchte ich ihn überall im großen Garten und freute mich immer, wenn er wieder an mich gedacht hatte.

Er redete viel und gerne über Pflanzen und Frösche, denn es gab bereits das Biotop im hinteren Gartenbereich. Er gab uns, jedenfalls empfand ich das, deutlich zu verstehen, wie wichtig ihm die Natur war, was er uns allen auch mitgeben wollte. Wenn ich an Frösche denke, dann vor allem an seine Froschsammlung, eine große Sammlung kleinerer Froschfiguren.

In Wien gab es damals zu Hause immer einen Tag, an dem das Wasser im Garten aufgedreht wurde. Als Kind hatte ich mich immer sehr darauf gefreut, sodass ich unbedingt hinaus in den Garten wollte. Doch diesmal stürzte ich und schlug mir das Knie auf. Mama und Papa waren nicht zu Hause, also ging ich zu ihm. Opa drückte mir ein großes Pflaster auf die Wunde und ging mit mir in den Garten.

Wenn ich an diesen Garten denke, dann auch daran, wie Opa und ich hinten, hinter den Nadel- und Laubbäumen, zu einem großen Felsen gingen. Dort wohnte eine dicke Kreuzspinne, die wir beide ab und zu besuchten.

Was ich stark mit ihm verbinde, ist das Schachspielen. Ich bin zwar immer noch kein Meister, aber Schach haben wir oft miteinander gespielt.

Als er starb, war ich sehr traurig und wütend zugleich. Ich durfte nicht mit zum Begräbnis. Ob ich zu klein war oder sonstwas, ich weiß es nicht, aber dadurch war der Abschied von ihm umso schwerer.

„Wenn er leben würde: Was machen wir heute? ...“

Wenn ich an meinen Großvater denke, dann denke ich an eine Person, die ich nicht kenne.

Das einzige Bild, welches ich im Kopf habe, wenn ich ihn mir vorstelle, ist das Foto, das bei meinem Papa in der Wohnung steht.

Das ist mein Großvater für mich.

„Welches Datum hat Dein Leben verändert? …“

▸•◂

„Was hättest Du in Deinem Leben noch gerne erlebt? …“

BIOGRAFIE

Geboren wurde er am 2. Mai 1934, an jenem Tag sog er seinen ersten Atemzug in sich auf und wurde gleich von seinen überglücklichen Eltern Adelheid und Friedrich Filek – Wittinghausen ins Herz geschlossen.

Werner Adolf Gustav Filek – Wittinghausen existierte von nun an auf dieser Welt. Über seine Kindheit ist wenig bekannt, dennoch weiß man, dass er von seinen Eltern geliebt wurde, besonders seine Mutter spielte eine wichtige Rolle in seinem Leben, denn er war ein Einzelkind. Aufgezogen wurde und gelebt hat er im 19. Bezirk Wiens, genauer noch in der Vegagasse.

Neben seinen Eltern kümmerte sich noch ein Kindermädchen um die Entwicklung seiner Fähigkeiten, doch als der Krieg über die Stadt hereinbrach, verschwand sein Kindermädchen und er besuchte die Volksschule für Jungen und Mädchen im 19. Bezirk in der Pyrkergasse.

Er stieg im Schul- und Kriegsjahr 1941/42 in die zweite Klasse ein und besuchte die Klassen mit sehr gutem Erfolg und guten Noten bis 1943/44. Der Weltkrieg dürfte seine Eltern und ihn gezwungen haben, dass er 1944/45 auf die Volksschule Euratsfeld in Niederösterreich wechselte, die er mit gutem Erfolg abschloss.

Daraufhin besuchte er das Bundesgymnasium der Republik Österreich, was in der Nähe zu seinem Wohnort, in der Gymnasiumstraße im 19. Bezirk lag.

In der Zeit, als er auch anfing Fremdsprachen wie Englisch und Latein zu lernen, blieb eine Geschichte von seinen persönlichen Erfahrungen aus dem Jahr 1945/46 erhalten. Denn Englisch lernte er nicht von den Lehrern in der Schule, sondern von den Amerikanern höchstpersönlich, da sein Wohnort amerikanisches Besatzungsgebiet war. Es wird erinnert, dass er nach der Schule mit den Soldaten Ball spielte, welche ihm dann Süßigkeiten schenkten und Englisch beibrachten und er ihnen im Gegenzug Deutsch.

Auch ein Aufsatz, den er in dieser Zeit schrieb, ist bis heute noch überliefert:

Der Pummerin letzter Ruf!

Es war mitten im Weltenbrand. Tag und Nacht donnerten die Geschütze und brummten die Flugzeuge mit ihrer Bombenlast, sodass die gute Mutter Erde gar nicht mehr zur Ruhe kam. Immer wieder platzten die Bomben in ihrem Schoß und wo früher wogende Kornfelder und schattige Wälder, friedliche Orte mit glücklichen Menschen standen, hauste das Verderben. Die Menschen hatte ein Vernichtungswille ergriffen, Tag und Nacht hörte man ihre Rufe nach neuen stärkeren Waffen. Dazu aber brauchten sie Rohstoffe, vor allem Metall. Und als es damit zu Ende ging, fingen sie an überall danach zu suchen.

Alte Gitter mussten fallen und wurden zu Waffen umgeschmolzen. Zuletzt fielen ihnen die Glocken ein. Schon lange hatten sie nichts Freudiges einzuläuten, unnütz hingen sie in ihrem Glockenstuhl. Kein frommer Beter schien sie zu vermissen. Als aber die ersten rohen Gesellen kamen, um sie herunterzuholen, da ging es wie ein Beben durch die Türme. Ein Klang-

laut ertönte, aber niemand hörte darauf. Sie wurden verladen und kamen mit anderen Leidensschwestern auf einen Fabrikhof. Ihr Schicksal war besiegelt. Nie mehr sollten sie in luftiger Höhe die Menschen zum Gebete rufen, niemals mehr frohe Feste einläuten. Nur Tod und Verderben sollten sie noch bringen.

Nur eine fehlte, die älteste und kostbarste unter den Glocken der Heimat. Noch hatte sich keine Frevlerhand an ihr vergriffen. Und es war den Glocken, als wäre noch nicht alles verloren, als würde ihnen noch Rettung winken, solange man noch ihre Stimme hören konnte. Sie war ja so groß und stark und viele hundert Jahre alt. Sie hatte Menschen kommen und gehen gesehen, gute und schlechte Zeiten eingeläutet. Und sie wusste auch um die Angst ihrer Schwestern und um die bittere Not der Heimat.

Von ihrem Gestühl aus sah sie die Befreier nahen, fühlte sie das Ende der Tyrannen. Jetzt war der große Augenblick gekommen, jetzt musste sie ihren Schwestern Mut zurufen und den Menschen in der bedrängten Stadt die Befreiung melden. Aber es kam niemand zu ihr, um ihre eiserne Stimme zu befragen. Dazu hatten die Menschen jetzt keine Zeit. Unten tobte ja der Kampf um Wien. Um sie herum sausten die Granaten, leckten die Flammen und plötzlich ging es wie ein großes Zittern durch ihren Lein. Ein Krachen erschütterte das Gebälk, Flammen loderten und plötzlich stürzte sie in die Tiefe, alles mit sich reißend. Im Sturze aber schlug der Klöppel noch einmal an die Glocke.

„Mut ... Mut, Friede und Freiheit naht!" rief sie den Menschen zu. Und sie hörten den Ruf und der neue Morgen sah sie dankbar zu ihrem Dom pilgern. Die Glocke aber fanden sie nicht mehr. Sie lag unter dem Schutt begraben. Die neue Zeit konnte sie nicht mehr einläuten!

Werner v. Filek, 12 Jahre.

Griechisch und Latein zu erlernen bereiteten ihm Schwierigkeiten und er wechselte im Schuljahr 1951/52 in das Bundesgymnasium im 19. Bezirk in der Grottenbachstraße.

Auch in dieser Zeitspanne ereignete sich viel für den kleinen Werner, denn sein Vater war kein treuer Mann. Das Band zwischen Mutter und Sohn wurde dadurch umso stärker, denn sie schickte ihn spionieren, damit er Zeuge spielen konnte und seine Mutter etwas gegen seinen Vater in der Hand hatte. Dies verschlechterte das Verhältnis zwischen Vater und Sohn, aber verbesserte dasjenige zur Mutter.

1953 absolvierte Werner Filek – Wittinghausen die Matura und inskribierte sich erfolgreich im Jahr 1954 für das Studienfach Philosophie und ein Jahr später zusätzlich für das Studienfach Zoologie an der Universität Wien.

Neben seinem Studium und seiner Faszination für Tiere schrieb Werner Filek weitere Geschichten, Artikel und zeichnete Karikaturen. Nach seinem ersten Studienjahr traf er seine große Liebe und führte seine erste und letzte Beziehung. Um Geld zu verdienen, fing er an, seine Geschichten und Zeichnungen an Zeitungen und Verlage zu schicken, aber sein Herz schlug für seine Freundin.

Nach einem Jahr in seiner Beziehung schrieb er am 7.12.1956: *Heute kennen wir uns ein Jahr!*

Es war ein sehr, sehr schönes Jahr, vielleicht das schönste meines Lebens!? – Sagen wir meines bisherigen Lebens – denn ich hoffe auf noch viel schönere Jahre, die uns die Zukunft bringen wird.

Aber ein einziges, herzliches Jahr ist doch auch ein schöner Grund so ein Büchlein wie dieses zu beginnen und ich werde trachten, dass jede Seite dieses Buches um noch vieles Schönere und Herrlichere reicher sein möge, als es eine Buchseite des vergangen Jahres hätte sein können!

Einen Tag später schrieb er: *Die beruflichen Pflichten verhinderten gestern eine kleine Feier unseres Festtages. Zwar gingen wir rasch auf einen Kaffe Columbia, doch erst heute finden wir genügend Zeit, um etwas Größeres zu unternehmen. Der Zufall hat uns 2 Konzertkarten geschenkt und so konnten wir einen schönen Abend verbringen. Zum schönen Abschluss eines schönen Tages aber gehört ein Kaffee im „Bobby". Wir hatten einen schönen Abschluss.*

Noch mehrere Tage beschrieb er und den Letzten am 18.12.1956: *Noch einmal schreibe ich meine Gedanken alleine auf dieses Papier, denn ich bin noch nicht sicher – nur in diesem Fall – ob ein „Wir" der Wahrheit entspräche!*

Ich lebe für Dich; Murmel für eine schöne Ehe, für ein herrliches Leben! Ich werde dieses Ziel anstreben mit allen Opfern und Mühen. Warum das Wörtchen „werde"? – Ich kämpfe und strebe ja bereits – ich habe sogar das Ziel schon für sehr nahe erkannt und in etwa 2 Jahren will ich es erreicht haben. Liebste Murmel – warum lässt du mich alleine kämpfen? Bitte verstehe mich nicht falsch – ich meine, Du solltest doch das gleiche Ziel erkämpfen wollen – eine schöne Ehe, ein herrliches Leben zu zweit. Aber Du hast in Deiner Schlacht noch keinen Plan und das macht Dich unsicher! Man kann nicht an mehreren Stellen seine Ziele, Nebenziele, Teilziele u. s. w. haben.

Die große Schlacht der wahren Liebe kennt nur ein Einziges und kann überhaupt nur ein einziges Ziel haben. Hätte ich nicht so einen falschen Schlachtplan aufgestellt wie Du, müsste ich auch einmal sagen: „Richtig liebhaben kann ich Dich erst in zwei Jahren; Dich verstehen ebenso; Dich schützen und beraten auch erst dann, denn jetzt, Du musst doch verstehen muss ich soooo viele Nebenziele im Auge behalten u. s. w.". Nun habe ich jemals so gesprochen? Nie, ich konnte es ja nicht, da ich die wahre Liebe besitze und die wahre Liebe stirbt, und schwankt nie.

In zwei Jahren gehen ALLE Träume in Erfüllung, aber die Partner einer wahren Liebe sollten nie so sprechen wie: „Alles erst dann!"

Gut, wir haben uns einen Punkt bewusst aufgehoben – wir werden es auch einhalten – aber alles andere sollte uns höher stehen als unsere alte Umwelt und der tägliche Kram!!

„Versuch es bitte!"

Am 24.12.1956 lag ein Buch, beschrieben auf den ersten Seiten unter dem Christbaum einer jungen Frau, die sich richtig entschieden hat.

Im Februar 1958 unterzeichnete Werner von Filek – Wittinghausen einen Arbeitsvertrag des Verlages Quintus für journalistische Tätigkeiten sowie Karikaturen und das Schreiben von Artikeln.

Doch auch andere Verlage nutzten seine Fähigkeiten und Werner Filek schuf sich einen guten Ruf unter anderem Namen.

1959 heiratete er und zog ein Jahr später in die Sieveringerstraße.

1960 hat Werner Filek – Wittinghausen die zweistündige strenge Prüfung aus der Zoologie in Verbindung mit Anthropologie mit dem Kalkül „gut" abgelegt. Wenige Tage später bestand er sein zweites Rigorosum in der Philosophie.

In diesem Jahr wurde ein Artikel über ihn selbst gedruckt, welcher seine Zeichnungen zeigt und ihn beschreibt: *Arty ist Wiener, 25 Jahre alt und – astrologisch gesprochen – ein Stier, dennoch liebt er das Wasser. Nach der Matura wandte er sich dem Studium der Biologie und hier insbesondere der Wasserbewohner zu und umgibt sich gern mit Aquarien. Obwohl Zeichnen lediglich sein Hobby ist, hat Arty es in dieser Fertigkeit schon beträchtlich weit gebracht. Schon 1957 erschien sein erster Karikaturenband „Die komischen Vögel", wenig später das von ihm illustrierte „Gauditorium maximum", 1959 „Philosoviechereien" und nun wird „Proporziade", ein politisches Märchen, für die Bestsellerliste freigegeben. Seit Neuestem kann er seine Karikaturen sogar mit Doktor Arty unterzeichnen. Heute hat uns Arty – Pardon, Dr. Arty – verraten, was er über das Parkverbot denkt.*

Das nächste Jahr schenkte ihm noch mehr Freude, denn er wurde Vater.

Werner Filek träumte davon, freiberuflich zu leben, doch sein Schicksal wollte es anders. 1962 am 31. Dezember kündigte er seinen Vertrag beim Quintus Verlag und bekam wenige Wochen später ein Angebot, das ihm zu seiner steilen Karriere verhalf. 1963 bekam er ein Angebot der Bundeskammer der gewerblichen Wirtschaft (Bundeswirtschaftskammer) in Wien. Die Probemonate waren bestanden und er bekam noch im selben Jahr eine feste Anstellung, welche ihm ermöglichte, die ganze Welt zu bereisen und seinen Gedanken, seine Träume sowie seine künstlerischen Fähigkeiten weiterhin erblühen zu lassen.

Das Jahr prägte ihn aber auch anderweitig, seine Gedanken kreisten um sein Vaterdasein, seine Gesundheit und seine Zukunft mit seiner Frau, so schrieb er zwei kürzere Texte:

Das erste Kind

Sie weinte
weinte leis, als die Wehen sie plagten,
als die Wehen sich mehrten, weinte sie laut.
Sie schrie
schrie vor Schmerz und es krampfte die Hände,
als das Pressen begann, krampfte ihr ganzer Leib.
Sie stöhnte
stöhnte gequält, als die Wunden man schloss,
als die Wunden man schloss, als man trug sie ins Bett.
Sie weinte
weinte vor Glück, als das Kind man ihr gab,
als das Kind man ihr gab, da strahlte sie froh:
„Drei noch möchte ich haben!"

▸•◂

Noch habe ich Zigaretten …

Noch habe ich Zigaretten, diese kleinen runden Röllchen, die ebenso zu Rauch werden wie meine Träume, wie meine Hoffnungen. Immer wieder greife ich zu einer dieser meiner tabakgefüllten Hoffnungen – zünde sie an – und dann, wenn sie brennen, ach, es ist wie ein neues glühendes Leben, das ihnen gegeben wird; es ist ein funkelndes Weiterleuchten, Vorwärtsglimmen, ein glänzendes Brennen, das einen über das Kürzerwerden hinwegtäuscht.

Und dann – Minuten später – ja, dann drückt man den plötzlich unansehnlichen Rest in einen Berg schon gestorbener Hoffnungen, drückt alles Leben heraus, zerstört die Glut, um sich nicht selbst zu verbrennen.

Kalt riecht dieses Grab. Braundurchsickerte Stummel, gefällten Stämmen gleich, halbverbrannte Streichhölzer und eine zerknüllte Zigarettenschachtel. In diesen Scheiterhaufen blicke ich wie in einen Spiegel – sehe mich darin und mein Schicksal.

Werner Filek und seine Frau bekamen 1963 noch ein Kind, ihren zweiten Sohn.

Neben seiner Tätigkeit bei der Bundeskammer schaffte er es, sich nebenbei noch einen Zuschuss zu verdienen. Von 1962 bis 1966 schrieb er unter seinem Namen sowie unter Pseudonymen über 67 Artikel in den verschiedensten Zeitungen und Magazinen, wie beim Wirtschaftshorizont, den Österreichischen Akademischen Blättern, für Neues Österreich, den Österreichischen Agrar Verlag, SPK – Exklusiv, die Presse, ÖVP – Pressedienst SPK, Bilanz, der Neue Morgen, die neue illustrierte Wochenschau, den zoologischen Anzeiger, die Wiener Monatshefte, Volkszeitung, Landjugend, Linzer Volksblatt, österreichische Tierschutz- Zeitung, Wiener Kirchenzeitung sowie für den Volksboten und Heimatland.

1966 war das Jahr der Geburt seines dritten und letzten Sohnes. Die Jahre vergingen, Werner Filek war zufrieden mit seinem Arbeitsumfeld und glücklich in seiner Familie. Die Bundeskammer schickte ihn immer wieder als Repräsentant und Journalist in andere Länder. So war er in Brüssel, Schweden, Dänemark, in Deutschland und 1972 auch bei den Olympischen Spielen in Sapporo, Japan. Ihm wurde angeboten, im Ausland stationiert zu sein, doch die ersten Angebote wurden abgelehnt. Erst 1974 flogen er und seine Familie nach Johannesburg in der Republik Südafrika.

Auch dort illustrierte er in seiner Freizeit Bücher und schrieb Geschichten. Bücher wie „Haan Kokkeldaan se Lied" und „Dawie op Reis" publiziert vom Perskor – Uitgewery Verlag zeugen von seinem einzigartigen Zeichenstil.

In Südafrika reiste er wegen seiner Arbeit in die verschiedensten Länder und lernte eine fremde Natur kennen, die ihn prägte und zu Bildern inspirierte. Pretoria, Swasiland, Lesotho, Mauritius und andere Länder standen auf seiner Reiseliste. Aus Dokumenten geht hervor, dass er zu dieser Zeit den Freimaurern beigetreten war.

Im Dezember 1977 zog die Familie zurück nach Wien, denn er erhielt von der Bundeswirtschaftskammer eine Rückberufung. Seine Familie und er widmeten sich wieder dem alltäglichen Leben in Wien. Seine Söhne absolvierten die Schulausbildung, fingen an zu studieren und zu arbeiten. Die geliebte Frau kümmerte sich um den Zusammenhalt der Familie. Dank ihr konnte er seinem Hobby auch weiterhin nachgehen, seinen journalistischen Fähigkeiten freien Lauf lassen und seiner Begeisterung für die Natur draußen auf die Spur gehen.

Mittlerweile sind weitere Bücher von ihm erschienen: „Frösche im Aquarium" (1967), seine berühmte „Pater Severin"- Reihe (1967, 1968) mit Teil 1 und 2 sowie illustrierte Bücher, „So kocht nur eine Wienerin (1963), „Im 1. + 2. Lebensjahr", „Im 3. + 4. Lebensjahr", „Im 5. + 6. Lebensjahr" für die katholische Frauenbewegung, auch „Neun aus Österreich" (1971) und mehr.

1991 stand ein weiterer Artikel über ihn selbst in der BWK-Intern, in dem es heißt:

Jede Zeitung braucht einen guten Karikaturisten. BWK INTERN hat zwei [...] und Werner Filek – Wittinghausen, der bis vor einigen Tagen mit seiner spitzen Feder Besucher zu seiner Ausstellung „Purzelbäume" in die CA gegenüber dem Haus der Wirtschaft gelockt hat.

Begonnen hat es mit Julius Caesar, dessen heroische Werke er in langweiligen Lateinstunden mit gezeichneten Randglossen versah. Aus dieser Zeit stammt auch sein Künstlername „Arty", wie ihn seine Klassenkameraden riefen. Um den Amateurstatus zu entrinnen, besuchte W. F. W. die Akademie am Wiener Schillerplatz, wo ihn Prof. Lorenz in Wesen und Technik der Karikatur einführte. Auf der nächsten Etappe umgab Arty seine Zeichnungen mit Texten: Er wurde Journalist. Da man als solcher wenig zu lachen hat, machte er die Zeichnerei zu seinem Hobby, besser gesagt: zu seiner liebsten Entspannung.

Filek zeichnet gerne Menschen, deren Stimmungen er mit viel Liebe zum Detail in die Bilder hineininterpretierte. Seine Darstellungen regen zu meditativem Verweilen an. Sein Lieblingsgebiet aber stellen Tiere dar, die meist nur von der politischen Karikatur erschlossen sind.

„Auch Tiere", meinte er, „sind menschlich. Sie zeigen nicht nur Individualität – wie Arbeitstiere, Genussspechte oder Pechvögel –, sondern auch verschiedene Stimmungen."

Arty hat seit den Sechzigerjahren eine Reihe von Karikaturbüchern herausgebracht, bei denen – wie zum Beispiel bei den „Philosoviechereien" – immer wieder seine Vorliebe zur Darstellung von Tieren zum Ausdruck kommt.

Mit seiner Arbeit in der BWK ist Werner Filek der Tipp auch für viele außer Haus geworden. Er hat nicht nur die Geschichte der Bundeswirtschaftskammer dokumentiert und auch eine unternehmensgeschichtliche Sammlung eingerichtet, die mit derzeit 2.000 Titeln die Größte Österreichs ist. Viele von ihnen sind ausgesprochene Gustostückerl, einige von ihnen gesuchte Unikate. Bei seinen Hauptaufgaben der

Regionalpolitik der Jugendunternehmerförderung und der kommunalen Wirtschaft wird er als Ansprechpartner geschätzt. Dabei kann er sein Zeichentalent nicht einsetzen, wohl aber bei der Erstellung des Jahrbuches der BWK: Seine illustrierten Mahnungen helfen unkonventionell, säumige Berichtelieferanten auf Trab zu bringen.

Seine Kinder heirateten, er wurde Großvater. Seine Vaterrolle hat er aber nicht vernachlässigt und seinen Kindern in schwierigen Zeiten beigestanden.

1996 trat er frühzeitig in Pension, da die Technik die Zeit beeinflusste und die Arbeitsweisen angepasst wurden. Er schrieb dazu:

Seinerzeit

Vor Jahren noch hat kana kennt
Computer und Management
Nur ans, gearbeit haben die Leit
viel mehr und bessa seinazeit.
Heit tuns nur Hudln bei da Hackn
bis der Infarkt wirfts auf die Tackn

1999 erlag er seiner schweren Krankheit, dem Lungenkrebs. Er starb in der Nacht am 19. Juli und hinterließ eine trauernde, weinende Familie.

Lachen und Weinen

Er lachte, -
er lachte und sein Lachen war Freude,
Freude und Spott zugleich.
Spott und Kritik war sein Lachen
hämisch und offen
heiter und traurig
aufrecht und falsch
gezwungen und echt.
Er weinte –
er weinte und sein Weinen war Schmerz
er weinte und sein Weinen war Glück.
Glückstränen
Schmerztränen
Weinen ist ehrlicher als Lachen.

Er hinterließ aber auch seine Gedanken und Prinzipien, seine Erfahrungen und Worte, welche bis heute noch seine Frau, Kinder und Enkelkinder prägen und immer wieder in Erinnerungen dazu führen, dass ihnen ein Lächeln übers Gesicht huscht.

Suche

Er suchte die Wahrheit
in einer Wiese
bunter blühender Lügen.
Suchte die Liebe
in einem Land
herzlos, lichtlos und kalt.
Er suchte vergebens –
Unentdeckt blieben
Wahrheit und Liebe
beide nur
in ihm.

Arty Wittinghausen
Wien 19, Vegagasse 12

„SCHÄMEN SIE SICH DENN NICHT, SO NACKT HERUMZULAUFEN!"

Schahm
Schamhaft

DAS PROJEKT

Suchen Sie das Werk oder den Großvater? Oder gar den Großvater im Werk?

Beides! Die Erinnerung an meinem Großvater verblasst mit jedem gefallenen Blatt. Die Verbindung, die ich erhoffe, in mir zu spüren, wächst mit jedem Wort, das ich schreibe.

Reden ist Silber, Schreiben ist Gold. Dieses Buch erzählt Erinnerungen an einen Menschen, der existierte. Ein Mensch wie Sie und ich, der sich täglich mit den Fragen der Welt beschäftigte und für sich selber einen Weg gefunden hat, den Menschen etwas zu schenken, um glücklich zu sein.

Dieses Buch ist alleine für ihn geschrieben. Auch wenn ich ihn nicht wirklich gekannt habe, verdanke auch ich ihm den Zustand meines jetzigen Ichs. In dem festen Glauben, dass er es auch jetzt noch spüren kann, was er uns allen hinterlassen hat, schrieb ich dieses Buch.

Sehen Sie eine intellektuelle Verbundenheit, eine Geschichte, die sich aufzuarbeiten lohnt, eine „Familienähnlichkeit"?

Das dachte ich, doch irrte ich. Zumindest zum Teil, denn jede Person, die in diesem Buch erscheint, spürt eine Verbundenheit. Ob intellektuell, spirituell oder emotional ist nicht von Bedeutung. Die Verbundenheit oder das Gefühl der Verbundenheit ist da. Wer weiß, wie sehr Leben verflochten sind? Wer weiß, wie Leben konstruiert sind? Fiktionalität und Realität, Zeitraum und Zeitgrenzen, alles Spekulation und Theorien, die zu weiteren Fragen führen. Vielleicht bin ich mein Großvater genauso viel, wie er ich ist.

Der Nachlass, in welchem Zustand ist er? Konnte/musste der Großvater davon leben, welchen Status hatte er in der Familie?

Der Nachlass an geschriebenen Werken und Zeichnungen hält sich in Grenzen. Er ist unvollständig, was ich noch zu ändern versuche. Aber seine Bedeutung in der Familie hält sich klein. Vielleicht wurden die Texte gelesen, die Zeichnungen betrachtet, doch gerät auch ein Nachlass wie die Person an sich, solange er nicht mit Emotionen verbunden ist, in Vergessenheit. Mein Großvater schrieb aus Leidenschaft, zeichnete aus Begeisterung sowohl für die Arbeit als auch in der Freizeit.

Da ich für dieses Buch den Nachlass, wo immer er auch aufzufinden war, versuchte zusammenzufassen, weckte ich bei anderen das Interesse an ihrem Mann, Vater, Schwiegervater, Großvater.

Wieso schrieben Sie dieses Buch?

Poetisch formuliert: um die Vergangenheit zu kennen, damit die Zukunft heller leuchten kann. Generationen verschwinden und tauchen wieder auf, werden vergessen und neu erlebt. Ich glaube, man sollte nicht vergessen, um weiter wachsen zu können. Außerdem glaube ich, dass selbst vor Jahrzehnten Menschen Fehler machten und wenn man herausfinden kann, warum und weshalb diese passiert sind, sie verinnerlicht, dann schafft man es, dass man selbst über Generationen nicht ein und denselben Fehler wieder und immer wieder begeht.

Ein weiterer Hintergedanke war jener, dass ich meinen Kindern, auch wenn noch ungeboren, zeigen möchte, wer mein Großvater war, wer ihr Urgroßvater, wer Werner Filek und somit auch Arty Wittinghausen war.

Dieses Buch ist ein Projekt, das mit der Zeit wuchs. Unter dem Namen *Memory Catcher* setzte es sich in mir fest. Der Versuch, alle Erinnerungen in der Familie einzusammeln, um verstorbene Personen wieder in die Gegenwart zurückzubringen, faszinierte mich. Alleine durch die Arbeit für dieses Buch, weiß ich nun um einiges mehr aus meiner Familie, was ich sonst wahrscheinlich nie erfahren hätte.

Der Zug der Zeit hat keine Notbremse eingebaut. Wieso versuchen wir dann nicht alle Bilder, die uns während unserer Reise in genau jenem Zug begegnen, also die Bilder, die an uns vorbeirauschen, wenn wir aus dem Fenster blicken, zu speichern? Eine plausible Antwort wäre, weil selbst wir irgendwann nicht mehr können. Auch wir werden keinen Platz mehr für Erinnerungen haben. Alleine deshalb sollten wir anfangen unsere Geschichten niederzuschreiben, um sie an die nächsten Generationen weiterreichen zu können.

Sie haben sich also viel mit dem Thema Erinnerungen beschäftigt?

Ich las mehrere Bücher über Theorien der Erinnerung: über das autobiografische, kommunikative und kulturelle Gedächtnis.

Erinnerungen lassen sich auf keine bestimmte Zeit festlegen, aber sie hängen mit Emotionen zusammen. Emotionen sind Gefühle einer – oder wenn die Situationen es zulassen – mehrerer Personen, aber Emotionen sind auch, wenn sie erlebt werden, schwer in Worte zu fassen. Wer sagt also nicht, dass Worte der Erinnerungen einmal ausgesprochen auch Lügen sind?

Der Glaube? Die eigene Überzeugung? Das Erinnerungsvermögen? Auch wenn dieses Buch aus Erinnerungen besteht, ist das zusammengesetzte Bild meines Großvaters aus Puzzleteilen bzw. Erinnerungsfetzen seiner Hinterbliebenen mit Sorgfalt zu genießen. Sein Charakter, den man gut herauslesen kann, mag noch am ehesten das sein, was wir als wahrheitsgetreu bezeichnen könnten. Die Erinnerungen an sein Leben jedoch sind geprägt von den Gedanken anderer Menschen und somit zu einer rekonstruktiven Biografie herangewachsen. Es steckt immer viel mehr von den anderen Personen als vom Großvater selbst dahinter, d. h., die Erwartungen, Wünsche, Ziele und Vorstellungen der Anderen prägen das Bild und die Beschreibungen sind daher immer vor diesem Hintergrund zu lesen, welche nicht festhält, ob mein Großvater genau diese Person war und dieses Leben führte.

Was meinen Sie damit, dass es mit Sorgfalt zu betrachten sei?

Ein Beispiel ist das Foto meines Großvaters Enkeltochter, welches eine Frau mit roten Haaren zeigt. Eine Person, die ich in meiner Familie über alles liebe. Eben sie ist es, welche viele Erinnerungen hat, die ins Negative fallen. Was Sie, verehrte Leserinnen und Leser, nicht wissen, ist, dass sie vom ältesten Sohn meines Großvaters adoptiert wurde. Zur damaligen Zeit spielte die Welt unter anderen Regeln. Auch wenn das Beste versucht worden war, hat es nicht gereicht. Das gesamte Umfeld der Erinnerungen konzentrierte sich auf das, was „schlechter" war.

Damit will ich lediglich sagen: Um eine noch getreuere Rekonstruktion einer Biografie zu erschaffen, muss jede einzelne Person biografisch in ihrem Kontext erfasst werden, um im Endeffekt genauer zu jener Person zu gelangen, deren Leben ich versucht habe niederzuschreiben. Jedes Buch hat sein Schicksal, auch dieses.

Was steckt hinter dem Titel der Biografie „Das Leben hinter Arty Wittinghausen?

Mein Großvater hieß Werner Filek mit Abschaffung des Adelstitels, davor eigentlich Werner Filek von Wittinghausen. Bei den meisten seiner Werke, bei den meisten seiner Zeichnungen und Illustrationen unterzeichnete er mit dem Namen Arty Wittinghausen. Die Frage, warum genau dieser Name von ihm gewählt wurde, war der erste Baustein für dieses Buch gewesen.

Wer steckt hinter Arty, welche Person ist Arty und ist Arty Werner oder ist Arty eine andere Person? Diesen Fragen wollte ich auf den Grund gehen, begab mich in die Tiefen der Erinnerungen und bin doch auf keine Antwort gestoßen, die mich zufriedenstellte, sondern auf die Person, die sich dahinter verbirgt, die mich kannte und liebte, meinen Großvater. Meine eigene Interpretation nach all meinen Recherchen: Arty war sein kreatives Freizeit-Ich und Werner sein Alltags-Ich.

Sie erwähnten, dass das Projekt Memory Catcher ursprünglich hieß. Heißt das, Sie werden weiterhin Erinnerungen sammeln?

Ich möchte näher an meinen zweiten Großvater mütterlicherseits herantreten und auch ihn besser kennenlernen. Ich werde ein zweites Buch schreiben und dabei noch genauer auf die Formen meiner Analysen und Interviews achten, um möglicherweise zu erkennen, inwiefern Erinnerungen subjektiv beeinflusst werden und wie man (hoffentlich) Erinnerungen soweit zurückführen kann, dass man aus ihnen die damalige Zeit, auch wie Menschen das Leben empfunden haben, wie sich ihre Wertschätzungen unterschieden haben, entziehen kann. Doch dafür möchte ich mir noch mehr Zeit lassen.

Welche Erinnerungen haben Sie an ihren Großvater?

Das ist eine gute Frage. Anfänglich keine, was ein weiterer Grund für mich war, warum ich unbedingt wissen wollte, wer er war. Natürlich hatte ich noch sein Erscheinungsbild vor meinen Augen, aber ich persönlich habe keine spezielle Erinnerung, die mich mit ihm verbindet. Aber selbst diese Aussage ist falsch, denn nach längerer Auseinandersetzung ist mir eine kurze Erinnerung eingefallen:

Als ich klein war und wir die Ferien im Waldviertel verbrachten, da nahm er mich einmal mit zum Nachbar-Bauern, um Eier zu holen. Das war auch schon die kleine Erinnerung, dennoch unschätzbar kostbar für mich.

Wie können Sie Leserinnen und Lesern helfen, ihre Erinnerungen und Erfahrungen zu „verwalten"?

Setzen Sie sich hin. Überlegen Sie, ob Sie jemanden kennen, über den Sie wenig wissen. Fragen Sie sich, ob diese Person in Ihnen etwas zurückgelassen hat. Ein Gefühl, ein Erlebnis, Lust und Laune. Und dann, dann schreiben Sie, was Sie mit dieser Person verbinden, welche Rolle sie in ihrem Leben gespielt hat und welche Rolle sie auch noch für ihre Zukunft hat.

Schreiben Sie einfach auf, woran Sie sich erinnern. Sie müssen es nicht strukturieren oder formatieren, Sie müssen es nur auf ein Stück Papier schreiben und dieses aufbewahren.

Sie können aber, wenn es Ihnen schwerfällt, sich zu erinnern, das Ganze umdrehen. Schreiben Sie einfach Ihre persönliche Geschichte auf. Ihre Kinder, Ihre Freunde, Ihr Umfeld.

Wollen Sie noch etwas hinzufügen?

Dieses Buch erzählt eine Geschichte, die sich über Jahrzehnte abspielt. Es eröffnet einen Einblick in das Leben eines Menschen, der präsent am gesellschaftlichen Leben teilnahm und doch in Vergessenheit geriet.

Wie viele solcher Menschen gibt es noch? Denken Sie nach, denken Sie an ihre Eltern, Großeltern oder auch an Ihre Kinder und Kindeskinder. Wir alle machen Erfahrungen, wir alle behalten sie als Erinnerungen und manche werden wir unwiderruflich vergessen. Dann schreiben Sie einfach auf, was nicht vergessen werden soll, das würde mich freuen. Das würde mich wirklich freuen und meinen Großvater wahrscheinlich auch.